Kochen mit Cocolino · Das Dessertbuch

oski & oski
KOCHEN MIT COCOLINO

DAS DESSERTBUCH

Eine Idee von Oskar Marti und Oskar Weiss
Rezepte: Oskar Marti "Chrüteroski"
Bilder, Texte und Gestaltung: Oskar Weiss

AT Verlag

Schweizer Gilde etablierter Köche
hat Cocolino zum Lieblingskoch aller Kinder erkoren!

Die Cocolino-Kinderkochbücher werden auch von der
Europäischen Union der Spitzenköche "Eurotoques"
empfohlen.

2. Auflage 2008

© 2003
AT Verlag, Aarau und München
Lithos: AZ Grafische Betriebe AG, Aarau
Druck und Bindearbeiten: Firmengruppe APPL, aprinta Druck, Wemding
Printed in Germany

ISBN 978-3-03800-425-7

www.at-verlag.ch

PICKI-NICKI
Cocolinos Spaßvogel ist zwar die krächzendste Nervensäge weit und breit, aber manchmal auch Gold wert.

COCOLINO
Cocolino ist ein Meisterkoch und ein großer Kinderfreund. Er weiß viel über die Gaben der Natur zu erzählen und was man alles daraus machen kann. Nur über sein linkes blindes Auge spricht er nie. Dieses verdeckt er kunstvoll mit einer selbst entworfenen Klappe. Oft kann man Cocolino singen hören. Wenn er mit seiner rauchigen Stimme einige Takte eines bekannten Liedes in die Küche schmettert, glänzt sein grünes Auge, und das Gelb seiner Spiegelei-Klappe leuchtet warm wie die Sonne.

POMO
möchte einmal so gut kochen können wie sein Freund Cocolino. Er hat oft Durst und ist verrückt nach Oliven. Nach den milden, scharfen, schwarzen und grünen. Warum denn? Einfach, weil sie so mmmh... olivig schmecken!

DORA
ist Pomos Schwester. Sie schreibt Cocolinos Kochideen in ein hübsches Rezeptheft. Dora isst fast alle Speisen gerne. Nur Oliven mag sie überhaupt nicht. Warum denn? Einfach, weil diese so brrrh... olivig schmecken!

Alle, aber wirklich alle reiben sich erstaunt die Augen. Oh, du blaue Schwarzwurzel! Was ist aus Cocolinos Baumrestaurant geworden! Das abenteuerliche bunte Bretterhaus hat sich in ein appetitliches Knusperschloss verwandelt.

Da öffnet sich ein Lebkuchenfenster und der Meisterkoch mit der Augenklappe schaut schmunzelnd heraus. "Herzlich willkommen in Cocolinos süßem Jahr!", kräht Picki-Nicki von den Schultern seines Freundes hinab, fliegt von dort um den Baum herum und verkündet die Neuigkeit in alle Himmelsrichtungen.

Von Januar bis Dezember will Cocolino seinen Gästen spezielle Süßigkeiten anbieten, die in die Jahreszeiten passen und auf die man sich an den Festtagen besonders freut.
Pomo und Dora können es kaum erwarten, wieder in Cocolinos Küche mit Teig, Schokolade, Früchten, Gewürzen und vielem mehr leckere Dinge zu zaubern.

Kochhüte

 Sehr einfache Rezepte sind mit 1 Kochhut bezeichnet.

 Diese Rezepte sind ein bisschen schwieriger. Ihr müsst alles gut vorbereiten und das Rezept genau einhalten.

 Maße und Angaben genau einhalten. Vielleicht muss euch Mama oder Papa helfen.

Abkürzungen

l	Liter
dl	Deziliter
g	Gramm
EL	Esslöffel
TL	Teelöffel

Auf Seite 70 findet ihr eine Zusammenstellung aller süßen Rezepte in den anderen Cocolino-Kochbüchern.

Die Rezepte

Januar
Katzenpfötchen 11
Gebrannte Creme 13
Schneebälle mit Vanillesauce 14

Februar
Schokoladeherz-Torte 16
Berliner oder Faschingskrapfen 18

März
Gefüllte Schokoladeeier 20
Karottentorte 22
Ovomaltine-Tiramisu 24
Bananenraupe Emilia 25

April
Frösche 27
Ballrock für Dora 28

Mai
Marzipan-Maikäfer 30
Löwenzahnblüten-Melasse 31
Cocolinos Götterspeise 33
Maibowle 35

Juni
Schuhsohlen 37
Tuttifrutti-Shake 38
Kirschenauflauf 39

Juli
Aprikosen-Jalousien 42
Freundschafts-Coupe 43
Süße Ferkel 44

August
Rote Grütze 47
Eisbären-Drink 48
Beereneis am Stiel 49

September
Erfrischender Fruchtsalat 50
Birnen-Igel 52
Traubenkompott mit Sahne 53
Fruchtkuchen 54

Oktober
Karamellisierte Nüsse 56
Halloween-Vermicelles 57
Herbst-Knusperli 58
Apfelmus mit Sahne 59

November
Reispudding 61
Orangenmousse 62

Dezember
Sankt-Nikolaus-Lebkuchen 65
Weihnachtsbaumstamm 66
Schokoladetrüffel mit Orange 68
Silvesterpunsch 69

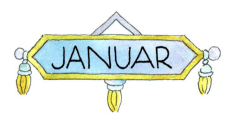

JANUAR

Weiße Flocken fallen wieder
Auf die kahlen Bäume nieder,
Decken zu die dürren Gräschen,
Kitzeln feuchte Katzennäschen.

Katzenpfötchen

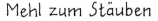

Für etwa 30 Stück

0,75 dl	Sahne
125 g	Puderzucker, gesiebt
3 g	Vanillezucker
3	Eiweiß
150 g	Weißmehl
30 g	Butter

Mehl zum Stäuben

100 g dunkle Schokolade

1 Bestreicht ein Backblech mit Butter und bestäubt es mit Mehl. Dann wird der Backofen auf 220 Grad vorgeheizt.

2 Vermischt jetzt Sahne, Puderzucker und Vanillezucker.

3 Schlagt das Eiweiß mit einem Schneebesen zu Schnee.

4 Mischt Mehl und Eischnee abwechselnd vorsichtig unter die Sahnemasse.

5 Füllt sie in einen Spritzsack mit einer kleinen Lochtülle (Rohr aus Metall oder Plastik) und drückt etwa 3 cm lange Pfötchen auf das Backblech.

6 Lasst die Pfötchen jetzt 10 Minuten backen und löst sie dann sofort vom Blech.

7 Schneidet nun die Kochschokolade in kleine Stücke. Bringt sie in einer Schüssel im heißen Wasserbad zum Schmelzen. Tunkt den breiteren Teil der Katzenpfötchen etwa ½ cm tief in die Schokolade und legt sie auf ein Gitter oder ein Backpapier.
Zum Schluss werden mit einer Gabel die Zehen auf die noch weichen Schokoladepfoten gezogen.

Dreikönigstag

Der Kleinste ist König geworden! Picki-Nicki darf sich für einen Tag die goldene Krone aus Karton aufsetzen, und er ist mächtig stolz darauf.

An vielen Orten wird am 6. Januar ein Kuchen gegessen, in dem eine kleine Königsfigur versteckt ist. Alle hoffen, das richtige Kuchenstück zu erwischen, um König oder Königin zu werden.
"Backen wir heute einen Dreikönigskuchen?", fragen Pomo und Dora. Aber Cocolino hat eine andere Idee. "Ich zeige euch, wie man eine Karamellcreme macht. Diese füllen wir in verschiedene Schalen, aber nur in eine einzige versenke ich eine Haselnuss. Welcher Glückspilz erhält wohl die königliche Schale?"

ICH WEISS, WIE DIE DREI KÖNIGE HEISSEN!

KASPAR, MELCHIOR UND BALTHASAR.

Gebrannte Creme

Für 4 Personen

4 EL	Zucker	1 EL	Zucker
1½ EL	Wasser	1½ EL	Stärkemehl, z.B. Maizena
3-4 Tropfen	Zitronensaft	1	ganzes Ei
2 dl	Milch		
2½ dl	Milch	2 dl	halb geschlagene Sahne

1 Kocht 4 EL Zucker, Wasser und Zitronensaft in einem weiten Chromstahltopf ohne Rühren auf. Nehmt Hitze weg und röstet alles hellbraun – bewegt dabei den Topf gelegentlich hin und her. Zieht dann den Topf von der Platte. Lasst die Masse abkühlen.

2 Jetzt kocht ihr die 2 dl Milch auf und gießt sie zum Karamellzucker. Lasst alles zugedeckt köcheln, bis sich der Zucker aufgelöst hat. Dann könnt ihr den Topf von der Platte nehmen.

3 Verrührt in einer Schale 2½ dl Milch, Zucker, Stärkemehl und das Ei und gießt alles zur Karamellmilch. Dann erhitzt ihr dies unter Rühren bis <u>vors</u> Kochen (Merkt euch: nicht kochen!!!). Nehmt den Topf von der Platte und rührt 2 Minuten weiter.

4 Gießt alles durch ein Sieb in eine Schüssel und lasst es sofort auskühlen.

5 Mischt die Sahne unter die Creme und verteilt sie in Schalen. Mmh!!!

Tipp: Bestreut die Creme mit Karamellsplittern. Dazu kocht ihr 5 EL Zucker, 2 EL Wasser und 2-3 Tropfen Zitronensaft wie bei Nr. 1 beschrieben zu Karamell und gießt die Masse auf ein mit Backpapier belegtes Backblech. Lasst sie auskühlen und löst sie vom Papier. Steckt das Karamell in einen Plastikbeutel und zerkleinert es mit einem Teigroller.

Schneebälle mit Vanillesauce

In Österreich sagt man "Schneenockerln"
Für 4 Personen

"HEUTE MÖCHTE ICH EUCH ETWAS VON DER VANILLE ERZÄH..."

Eigentlich wollte Cocolino Pomo und Dora etwas über die Vanillepflanze erzählen, bevor ein Schneeball auf seiner Nase landete. Nachdem sich alle vom Lachen erholt haben, beginnt er nochmal von vorne:

"Die Vanille stammt von einer Orchidee aus den Tropenwäldern Zentralamerikas und wurde dort früher von Königen und Priestern als göttliches Gewürz verehrt. Es braucht viel Zeit und Arbeit, bis die duftende Vanille in unsere Küchen gelangt. Man erntet die gelblichgrünen Kapselfrüchte, die dann abwechslungsweise getrocknet und erhitzt werden, bis sie schwarz und fettig-schrumpelig geworden sind. Die echte Vanille erkennt man an den kleinen schwarzen Pünktchen, den Vanillesamen.

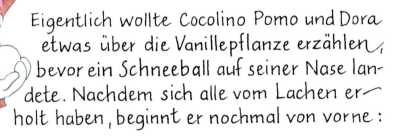

Vanillesauce

1½ TL	Stärkemehl, z.B. Maizena, Epifin
4 dl	Milch
1 dl	Sahne
½	Vanillestengel, der Länge nach halbiert
1	Ei
2½ EL	Zucker

NICHT KOCHEN, SONST WIRD DIE SAUCE "GRIESSIG".

1 Rührt das Stärkemehl mit Milch und Sahne an und gebt es in eine Pfanne. Bringt es mit dem halben Vanillestengel kurz zum Kochen. Entfernt den Vanillestengel.

2 Jetzt verschlagt in einer Schüssel Ei und Zucker gut. Dann mischt ihr dies unter starkem Rühren mit der Milchmasse.

3 Bringt alles kurz vors Kochen. Leert die Sauce in eine kalte Schüssel. Rührt hie und da um, damit keine Haut entsteht.

Eischnee für Schneebälle

4	Eiweiß
100 g	Puderzucker, gesiebt
½–1 l	Milch

1 Schlagt in einer sauberen Schüssel das Eiweiß mit einem Schwingbesen zu einem festen Schnee. Gebt den Puderzucker dazu und schlagt beides nochmals steif.

2 Bringt dann die Milch in einer weiten Pfanne zum Sieden, sie sollte aber nicht wallend kochen.

3 Jetzt stecht ihr mit zwei Esslöffeln zwei bis drei Klöße von der Schneemasse ab und legt sie in die siedende Milch.

4 Wartet ein wenig, bis die Klöße aufgegangen und größer sind. Dreht sie vorsichtig mit zwei Löffeln und lasst sie noch kurz in der Milch liegen. Nehmt sie dann mit dem Schöpfsieb heraus.

5 In der Zwischenzeit habt ihr die Vanillesauce auf 4 Suppenteller verteilt. Setzt nun die Schneebälle darauf. Weitere Klöße könnt ihr wie in Nr. 3 abstechen. Vielleicht müsst ihr Milch nachgießen.

Serviert die Schneebälle warm mit kalter Sauce oder umgekehrt.

FEBRUAR

Tief schläft noch die Fledermaus.
Glöckchen schaut zum Schnee heraus.
Doch zum Läuten, merkt es bald,
Ist es heute noch zu kalt.

Valentinstag, 14. Februar

Schokoladeherz-Torte

Nehmt eine Herzform oder eine runde Springform
von 24 cm Durchmesser

Torte:

- 125 g weiche Butter
- 6 Eigelb
- 150 g Zucker
- 1 Prise Salz
- 125 g dunkle Schokolade, in kleine Stücke geschnitten
- 6 Eiweiß
- 250 g gemahlene Mandeln
- 50 g Mehl
- 20 g Kakaopulver
- 1 TL Backpulver

Glasur:

- 3 EL Aprikosen- oder Johannisbeergelee
- 120 g dunkle Schokolade, in kleine Stücke geschnitten
- 3 EL Wasser
- 30 g Butter
- 3 EL Puderzucker

Dekoration:

Zuckerperlen, Zuckerblumen,
Marzipanherzchen und viel Liebe!

1. Den Backofen auf 180 Grad einschalten.

2. Die Butter schaumig rühren, Eigelbe, Zucker und Salz dazugeben. Rühren, bis die Masse hell ist.

3. Die Schokolade im heißen Wasserbad zum Schmelzen bringen und in die Butter-Eigelb-Masse rühren.

4. Eiweiß zu Schnee schlagen, auf die Masse geben, die Mandeln darüber streuen und das mit Backpulver und Kakao vermischte Mehl dazu sieben. Alles sorgfältig darunter ziehen.

5. Die Masse in die gebutterte Form füllen und in der unteren Ofenhälfte 50 Minuten backen. Danach aus der Form stürzen.

6. Die Torte mit der Unterseite nach oben auf dem Kuchengitter auskühlen lassen.

.... Glasur ....

1. Das Gelee leicht erwärmen und die Torte oben und rundherum mit dem Spachtel dünn damit bestreichen.

2. Die Schokolade mit dem Wasser in einer Schüssel im heißen Wasserbad schmelzen, die Butter und den Puderzucker dazugeben und glatt rühren. Die Glasur sollte einen Löffelrücken gleichmäßig überziehen.

3. Sofort auf die vorbereitete Torte gießen und durch leichtes Schräghalten gleichmäßig verlaufen lassen. Nie ausstreichen! Der Rand kann mit dem Spachtel bestrichen werden. Erkalten lassen.

4. Jetzt wird die Torte verziert. Man kann auch aus Papier ein Herz schneiden. Diese Schablone wird auf die Torte gelegt und mit Puderzucker aus einem Sieb bestreut.

Fasnacht
Berliner oder Faschingskrapfen

Für 12 Stück

1 dl	Milch	2	Eigelb
30 g	frische Hefe	½	Zitrone, die Schale abgerieben
30 g	Zucker	1	Friteuse mit Öl
250 g	Weißmehl		oder eine Pfanne mit etwa ½ – 1ℓ Öl
1 Prise	Salz	100 g	Himbeermarmelade
25 g	Butter	30 g	Puderzucker

Vorbereitung

1. Erwärmt die Milch auf etwa 30 Grad (handwarm).
2. Löst die zerbröckelte Hefe mit dem Zucker in der Milch auf.
3. Siebt das Mehl in eine große Schüssel und gebt das Salz dazu.
4. Schmelzt die Butter in einer Pfanne, aber erhitzt sie nicht!

1. Gebt die Milchmischung, Butter, Eigelbe und Zitronenschale zum Mehl.

2. Knetet alles gut, bis der Teig fein und trocken ist.

3. Legt den Teig in eine leicht vorgewärmte Schüssel und lasst ihn während 1 Stunde an einem warmen Ort, mit einem Küchentuch zugedeckt, aufgehen.

4. Nehmt den Teig aus der Schüssel und formt ihn zu einer etwa 3 cm dicken Wurst. Schneidet dann etwa 3 cm breite Stücke (etwa 40g) ab und rollt diese auf dem leicht bemehlten Tisch mit den Handballen zu hübschen Kugeln.

5. Legt die Teigkugeln auf ein bemehltes Tuch und lasst sie nochmals etwa 15 Minuten aufgehen.

6. Backt jetzt die Teigkugeln in der Friteuse oder Pfanne bei 160 bis 170 Grad. Wendet sie zwei- bis dreimal mit zwei Holzspießen oder Kochlöffelstielen.

7. Lasst die Krapfen auf einem Küchenpapier gut abtropfen.

8. Rührt die Himbeermarmelade mit einem Schneebesen gut durch. Füllt sie in einen Spritzsack mit kleiner Lochtülle. Füllt die Berliner von der Seite und bestäubt sie mit Puderzucker.

MÄRZ

Der Osterhas färbt Tag und Nacht
Die Eier, die das Huhn gebracht.
Es eilt sehr, weil die Lieferfrist
Nicht Pfingsten, sondern Ostern ist.

Gefüllte Schokoladeeier

Für 8 Stück

Für die Schokoladeschale:

- 8 Eier, roh oder gekocht
- hauchdünne Klarsichtfolie
- 150 g dunkle Kochschokolade

Für die Füllung:

- 150 g Quark
- 120 g geschlagene Sahne
- 1/2 Zitrone, Saft ausgepresst
- 1/2 EL Vanillezucker
- 80 g gesiebter Puderzucker
- 4 halbe getrocknete Aprikosen fürs "Eigelb"

1. Packt die Eier in Klarsichtfolie ein, die ihr oben zusammendreht. Legt die Eier wieder in den Kühlschrank.

2. Zerkleinert jetzt die Schokolade auf einem Brett mit einem Messer. Schmelzt sie dann in einer kleinen Schüssel im heißen Wasserbad.

3. Tunkt jedes Ei kurz zur Hälfte in die flüssige Schokolade. Stellt die Eier dann sorgfältig mit der Schokoladeseite nach oben in den Eierkarton und lasst sie im Kühlschrank fest werden.

4. Vermischt alle Zutaten für die Füllung gut.

5. Trennt die Schokoladeschale sorgfältig vom Ei. Nehmt die Klarsichtfolie weg und setzt die Schokoladeeier auf den Eierkarton.

6. Gießt nun die Füllung bis zum Rand in die halben Schokoladeeier. Stecht aus den Aprikosenhälften je 2 Kreise aus und setzt sie auf die Füllung.

7. Serviert die Eier kühl!

Karottentorte

300 g	Karotten	50 g	Zucker
180 g	Mehl	50 g	pürierte Aprikosenmarmelade, Johannisbeer- oder Himbeergelee
1 Päckchen	Backpulver		
150 g	Butter	50 g	Kokosflocken
100 g	Zucker	50 g	Vollmilchschokolade oder Kuchenglasur zum Zeichnen
5	Eigelb		
½ dl	Milch		Marzipan zum Dekorieren
100 g	gemahlene Haselnüsse		Marzipankarotten
5	Eiweiß		

Vorbereitung

1 Nehmt eine Springform von 30 cm Durchmesser und belegt den Boden mit Backpapier.

2 Wascht und schält die Karotten und raffelt sie fein.

3 Siebt Mehl und Backpulver zusammen.

4 Schaltet den Backofen auf 190 Grad ein.

Zubereitung

5 Nehmt einen Schneebesen und rührt die küchenwarme Butter und 100 g Gramm Zucker schaumig. Gebt das Eigelb nach und nach zu der Buttermasse und rührt alles gut durch.

6 Mengt die Milch, Haselnüsse und Karotten unter diese Masse.

7 Schlagt Eiweiß und 50 g Zucker zu Schnee und zieht es abwechslungsweise mit dem Mehl unter die Masse. Füllt alles in die Form und backt den Kuchen 40 Minuten. Steckt eine Stricknadel oder ein Holzspießchen in den Kuchen. Bleibt kein Teig mehr kleben, ist der Kuchen gebacken. Stürzt die Karottentorte auf ein Gitter und lasst sie abkühlen.

Mit Glasur malen und schreiben!

Kauft ein Päckchen Kuchenglasur. Sie ist in vielen schönen Farben erhältlich. Lasst sie gemäß den Angaben flüssig werden. Füllt eine Spritztüte bis zur Hälfte mit Glasur oder mit Schokolade, die ihr zuerst im heißen Wasserbad mit 1 EL Wasser schmelzt. Schließt die Tüte gut und schneidet 1mm der Spitze weg. Schon könnt ihr Torten, Kuchen und Tellerränder beschriften und dekorieren.

Garniert die Torte mit Fantasie, zum Beispiel mit dem Hasen Fridolin. Mit Kokosflocken lässt sich ein weißer Hase auf braunem Grund machen, oder ein brauner auf weißer Torte. Bevor ihr die Flocken streut, müsst ihr die pürierte Aprikosenmarmelade mit ein paar Tropfen Wasser erwärmen und sie dann mit einem Pinsel auftragen. Dekoriert die Torte und Fridolin mit Marzipan, Glasur und Schokolade.

Ovomaltine-Tiramisu

Für 4 Personen

1 Paket	Löffelbiscuits (200 g)		½	Zitrone, Saft ausgepresst
2½ dl	Milch		200 g	leicht aufgeschlagene Sahne
30 g	Ovomaltine		70 g	Puderzucker
1 EL	Zucker			
400 g	Mascarpone		20 g	Ovomaltine zum Stäuben

1. Den Boden einer flachen Glasschale von 1 Liter Inhalt mit Löffelbiscuits gut auslegen.

2. Milch, Ovomaltine und Zucker aufkochen, leicht erkalten lassen und über die Löffelbiscuits geben.

3. In einer Schüssel Mascarpone, Zitronensaft, den gesiebten Puderzucker und die halb geschlagene Sahne mit einem Schneebesen gut vermischen. Diese Creme über die Löffelbiscuits gießen und mit einem Spachtel glatt streichen. Etwa 1 Stunde in den Kühlschrank stellen.

4. Vor dem Servieren mit Ovomaltine bestäuben und mit einem Zahnstocher ein Bild einritzen.

Tipp:
Man kann Äpfel, Birnen, Beeren oder Bananen auf die Löffelbiscuits schichten. Mmmh!

Bananenraupe Emilia 👨‍🍳👨‍🍳

Für 4 Personen

200 g Bitter- oder Milchschokolade	24 halbe Walnüsse (Baumnüsse)
4 Bananen	2 dl geschlagene Sahne
Zahnstocher	

1. Schneidet die Schokolade auf einem Brett in kleine Stücke und bringt sie in einer kleinen Schüssel im Wasserbad zum Schmelzen.

2. Löst längs einen Streifen der Bananenschale ab. Nehmt die Banane aus der Schale. Bewahrt die untere Hälfte der Schale auf.

3. Schneidet die Banane in 11 gleichmäßig dicke Scheiben. Beginnt mit der zweiten Scheibe. Steckt sie an einen Zahnstocher und tunkt sie in die Schokolade.

4. Stellt die Bananenspitze vor die schokoladige Scheibe. Nun wechselt ihr immer ab, bis die Banane wieder zusammengefügt ist.

5. Mit einem in Schokolade getunkten Zahnstocher zeichnet ihr das Gesicht der Raupe Emilia.

6. Füllt die geschlagene Sahne in die Bananenschale. Unterlegt die einzelnen Scheiben mit 1 oder 2 Nusshälften, damit Emilia einen wellenförmigen Körper erhält.

7. Dekoriert die Scheiben oben mit bunten Smarties, Perlen, Bonbons oder Fähnchen.

Warum – werdet ihr euch fragen –
Müssen Frösche Schirme tragen,
Wenn die Sonne scheint? Ich will
Es euch sagen: S'ist April!

Auf seinem Morgenrundflug entdeckt Picki-Nicki den Wetterfrosch am Teichrand und begrüßt den älteren Herrn: "Guten Tag!" "Guten Quaaak!", grüßt auch der Frosch und leckt sich mit der Zunge von einem Mundwinkel zum andern. "Haben Sie gut gefrühstückt?", fragt ihn Picki-Nicki. "Quaaark", antwortet der Frosch. "Fliegen- oder Mückenquark?", will Picki-Nicki wissen, doch der Frosch schüttelt den Kopf: "Quaaatsch!", quakt er nur. Picki-Nicki muss sich das Lachen verkneifen. Höflich fragt er den Wetterfrosch:
"Machen Sie heute abend mit ihren drei Freunden wieder ein Konzert?" – "Ja, unser Quaaartett singt Moquaaark."
"Oh, Mozart! Wie schön!", krächzt Picki-Nicki. Wir werden alle kommen und bringen eine Überraschung zum Naschen mit!"

Frösche

- 50 g Marzipan
- 150 g küchenwarme Butter
- 60 g Puderzucker
- 1 TL Vanillezucker
- ½ Zitrone, Schale abgerieben
- 1 Eiweiß
- 175 g Mehl
- 50 g Korinthen oder halbierte Rosinen
- Aprikosen- oder Himbeergelee

1. Den Backofen auf 190 Grad einschalten. Marzipan und Butter gut verrühren, dann Puderzucker, Vanillezucker und Zitronenschale beifügen.

2. Das Eiweiß dazugeben und das Mehl gut darunter arbeiten.

3. In einen Dressiersack füllen und mit einer Sterntülle 3 cm große Muscheln auf ein mit Backpapier belegtes Backblech spritzen.

4. Auf jede zweite Muschel setzt ihr je 2 Korinthen als Augen (oder Augen nach eurer Fantasie) und backt sie etwa 8 Minuten.

5. Lasst sie auskühlen. Streicht die Plätzchen ohne Augen auf der flachen Seite mit Aprikosen- oder Himbeergelee ein und setzt den oberen Teil mit den Augen darauf. Die süßen Frösche sind jetzt zum Anbeißen bereit.

Tipp: Es gibt auch Muschel- oder Bärentatzenformen zum Backen.

Ballrock für Dora

Schokoladeparfait für 4 Personen

Warum stecken die Drei ihre Köpfe zusammen? Welcher Plan wird da wohl ausgeheckt? Cocolino verrät, wie er Dora zum Geburtstag überraschen will. "Doras Hitparade heißt: Schokolade naschen, Eis schlecken und tanzen wie ein Wirbelwind – also schenken wir ihr einen Ballrock, der cool und sweet ist!" – "Was heißt das auf gut deutsch?", fragt Pomo. "Cool und sweet!", lacht Picki-Nicki.

2	Eigelb
2 EL	Zucker
100 g	dunkle Schokolade
2 EL	Kakaopulver
2½ dl	Sahne
2	Eiweiß
1 EL	Zucker

Früchte, Beeren oder Zuckerperlen zum Ausgarnieren

1 dl	Sahne, steif geschlagen
1	runde Schüssel (Salatschüssel), im Tiefkühler vorgekühlt

1. Eigelbe und Zucker in einer Schüssel rühren, bis die Masse hell ist.

2. Die Schokolade in große Stücke brechen und in eine Schüssel geben. Nun reichlich siedendes Wasser darüber gießen, bis die Schokolade vollständig bedeckt ist. Kurz stehen lassen, bis sie weich ist. Dann das Wasser vorsichtig abgießen.

3. Die weiche Schokolade mit der Eimasse vermischen und Kakaopulver darunter rühren.

4. Eiweiß und Zucker steif schlagen.

5. Abwechslungsweise die geschlagene Sahne und den Eischnee unter die Schokolademasse ziehen, gut vermischen. Sofort in die vorgekühlte Schüssel füllen und etwa 3-4 Stunden gefrieren.

6. Vor dem Servieren die Schüssel mit kaltem Wasser kurz abspülen, das Parfait auf eine vorgekühlte Platte stürzen und als Ballrock mit geschlagener Sahne, Beeren und Perlen schmücken.

7. Bereits vorbereitet ist der aus Halbkarton ausgeschnittene Oberkörper von Dora

MAI

Alle Knospen sind nun offen.
Düfte locken, Herzen hoffen.
Vögel singen froh im Flieder –
Maienkäfer, fliegst du wieder?

Marzipan-Maikäfer

Für 20 Käfer

100 g	Marzipan	100 g	dunkle Schokolade
etwas	Puderzucker	20	Mandeln

1 Bestäubt zuerst die Marzipanmasse mit etwas Puderzucker. Macht daraus auf dem Tisch eine Wurst von etwa 1 cm Dicke.

2 Schneidet nun 20 gleich große Stücke ab und formt sie in der Handfläche oval.

3 Schneidet die Schokolade in kleine Stücke und bringt sie in einer Schüssel im heißen Wasserbad zum Schmelzen.

4 Steckt die Marzipanstücke auf kleine Holzspieße und taucht sie in die flüssige Schokolade. Legt sie auf Backtrennpapier und lasst sie leicht abkühlen, aber nicht erkalten

5 Nun steckt ihr längs halbierte Mandeln als Flügel in die Marzipanstücke. Lasst die Maikäfer ganz erkalten.

KRABBELT NUR FRÖHLICH IN MEIN MÄULCHEN!

Löwenzahnblüten-Melasse

- 1 Literbecher Löwenzahnblüten, bei vollem Sonnenschein geerntet
- 1 l Wasser
- 3 Zitronenscheiben, ½ cm dick geschnitten
- 1 kg Zucker
- ¼ Vanillestengel, der Länge nach aufgeschnitten

1 Befreit die Blütenköpfe von den Stengeln, wascht sie sauber und hackt sie dann grob.

2 Gebt das Wasser in einen passenden Topf und kocht es mit den Blüten, Zitronenscheiben und dem Vanillestengel auf. Lasst danach alles zugedeckt etwa 20 Minuten ziehen. Seiht anschließend den Saft durch ein Tuch oder ein feines Sieb ab.

3 Lasst Saft und Zucker etwa 2½ Stunden sanft zu Melasse einkochen. Gebt danach mit einem Esslöffel etwas Melasse auf einen Teller und kontrolliert, ob die Konsistenz gut ist, das heißt, sie sollte wie Honig sein.

4 Füllt die heiße Melasse in gut getrocknete Gläser und verschließt sie mit trockenen Deckeln. Achtung: Verbrennt euch nicht beim Abfüllen oder beim Schlecken!!!

DIE MELASSE KRISTALLISIERT AUS, WENN IHR SIE IN NASSE GLÄSER EINFÜLLT ODER WENN SIE ZU KÜHL GELAGERT WIRD.

MMH! SCHMECKT WIE HONIG!

Muttertag

Immer am zweiten Sonntag im Mai ist Muttertag. Da bietet sich allen Kleinen und Großen die Gelegenheit, ihrer Mama ein schönes Zeichen der Liebe zu schenken. Wieder einmal Danke sagen für alles, was sie tagein, tagaus für euch macht.

Cocolino findet, das dürfte man an allen 365 Tagen des Jahres tun, nicht nur am Muttertag. Und die vielen lieben Papas sollte man auch nicht ganz vergessen.
Cocolino schubst Pomo und Dora in die Küche. Dort zeigt er ihnen sein Rezept für die Götterspeise. "Mit diesem Dessert werdet ihr eure Mutter garantiert überraschen - Cocomio! Und vergesst nicht, auf den schön gedeckten Tisch ein Sträußchen Blumen zu stellen."

Cocolinos Götterspeise

zum Muttertag für 4 Personen

250 g	Rhabarber	100 g	Löffelbiscuits
½ dl	Wasser	2 dl	Sahne
½	Zitrone, Schale dünn abgeschält	1 Päckchen	Vanillezucker
80 g	Zucker	1 Päckchen	Schokoladeherzchen
300 g	Erdbeeren, gerüstet und in Stücke geschnitten		Erdbeeren zum Dekorieren

1 Schneidet die gewaschenen und geschälten Rhabarber in 2 cm lange Stücke.

2 Kocht das Wasser mit Zitronenschale und Zucker auf. Fügt die Rhabarberstücke hinzu – kurz aufkochen und dann abkühlen lassen. Entfernt die Zitronenschale.

3 Nehmt eine tiefe Glasschüssel und legt sie mit Löffelbiscuits aus. Füllt das Rhabarberkompott und die Erdbeeren abwechslungsweise über das Biscuit.

4 Schlagt die Sahne mit dem Vanillezucker steif und bedeckt das Kompott damit.

5 Garniert die Götterspeise mit Schokoladeherzchen und dekoriert sie mit Erdbeeren.

Am besten macht ihr die Götterspeise 2 Stunden im Voraus und stellt sie bis zum Servieren kühl.

WENN IHR IM WALD SAUERKLEE FINDET, KÖNNT IHR MIT SEINEN BLÄTTCHEN DIE GÖTTERSPEISE SCHÖN SCHMÜCKEN!

AM LIEBSTEN HABE ICH DEN ROTEN ERDBEER-RHABARBER. DER IST NICHT SO SAUER.

Waldmeister

In schattigen, feuchten Wäldern, häufig unter dem zartgrünen Blätterdach der Buchen, blüht jetzt der Waldmeister.

Cocolino möchte eine Maibowle mit Waldmeisterduft zubereiten. Natürlich kennt er die Orte im nahen Wäldchen, wo diese Frühlingspflanze mit den kleinen weißen Blüten wächst. Obwohl es ein wenig regnet, trotten Pomo und Dora mit kleinen Körben hinter ihrem Freund durchs Moos. Schon bald sehen sie den ersten Waldmeister. Ein wunderbarer Duft strömt von ihm aus. Cocolino schnuppert glücklich:

"Wenn es regnet, duftet der Waldmeister besonders stark. Schaut, wie er die Insekten anzieht. Diese suchen unter seinen Blättern Schutz vor dem Regen. Ist der Regen vorbei und die Pflanze von der Sonne getrocknet, verliert sie das starke Aroma. Die Insekten sind vom Duft betrunken und möchten mehr davon. Deshalb fliegen sie hinauf zu den Blüten und dann geschieht es, dass die Pflanze durch die Tierchen befruchtet wird." Mit einem Körbchen voll Waldmeister, einer hübschen Pflanzengeschichte und einer heißen Frage kehren die Kinder zurück: "Wie geht das mit dem Befruchten?"

Maibowle

Für 4 Personen

- 1 kleines Sträußchen Waldmeister (etwa 10 Pflänzchen)
- 2 dl Wasser
- 150 g Zucker
- 1 Zitrone, Saft ausgepresst
- 4 dl Apfelsaft
- 4 dl Mineralwasser mit Kohlensäure

Wasser und Kristallzucker für den Zuckerrand

1. Spült den gesammelten Waldmeister unter der Brause und tupft ihn mit einem Handtuch trocken.

2. Legt die Pflänzchen ins Tiefkühlfach. So wird der Geschmack viel intensiver.

3. Kocht das Wasser und den Zucker auf und lasst es auskühlen.

4. Füllt das Zuckerwasser, den Zitronensaft und den Apfelsaft in eine tiefe Schüssel. Gebt den tiefgekühlten Waldmeister dazu.

5. Bereitet in der Zwischenzeit vier Gläser mit Stiel vor. Füllt etwas Wasser in eine Untertasse und taucht die Ränder der Gläser ins Wasser. Inzwischen habt ihr etwas Kristallzucker in einen Suppenteller gegeben. Taucht die benetzten Glasränder hinein, so dass ein schöner Zuckerrand entsteht.

6. Fischt den Waldmeister aus der Schüssel und füllt sie mit Mineralwasser auf. Jetzt wird die Bowle mit einer Schöpfkelle in die Gläser gefüllt.

Der Frühling zieht die Schuhe an,
Und wandert leicht und frisch voran.
Am längsten Tag – so muss es sein –
Trifft er bei Onkel Sommer ein.

Als Belohnung für die anstrengende Wanderung zum Wasserfall verspricht Cocolino seinen Freunden nach der Rückkehr eine passende Delikatesse, nämlich: Schuhsohlen. Pomo rümpft die Nase. "Ist das eine zähe Käseschnitte?" Auch Dora schaut misstrauisch von ihrem Wanderschuh zu Cocolino. Dieser lächelt aber nur geheimnisvoll

Schuhsohlen

Für 6-8 Personen

200 g	Blätterteig vom Bäcker
6 EL	Zucker
600-800 g	frisch gepflückte Heidelbeeren, Walderdbeeren usw.
3 dl	geschlagene Sahne

1 Schaltet den Backofen auf 200 Grad ein. Rollt den frischen Blätterteig 4 mm dick aus. Stecht oder schneidet mit einem Teigrädchen Plätzchen von 5-7 cm Durchmesser aus.

2 Bestreut nun den Tisch reichlich mit Zucker und rollt darin die Plätzchen etwa 3 mm dick oval aus, so dass nur eine Seite gezuckert wird.

3 Dann legt ihr die gezuckerten ovalen Plätzchen mit der Zuckerseite nach oben auf ein Backblech. Gebt ein paar Spritzer Wasser darüber und backt sie im vorgeheizten Ofen etwa 20 Minuten, bis die Oberfläche leicht karamellisiert ist.

4 Nehmt die Plätzchen aus dem Ofen und lasst sie auskühlen. Schneidet dann die Schuhsohlen mit einem Brotmesser waagrecht auf, so dass ein Boden und ein karamellisierter Deckel entsteht.

5 Gebt den Boden auf einen Teller, belegt ihn mit Beeren und verteilt die Sahne darüber. Legt nun den Deckel darauf und serviert die Schuhsohlen.

Tipps: Lasst eurer Fantasie freien Lauf und erfindet nach eurem Geschmack eure Lieblings-Schuhsohlen. Ihr könnt sie mit Früchten oder Gartenbeeren oder einer guten Creme füllen. Eine Kugel Eis passt ausgezeichnet dazu.

Tuttifrutti-Shake

Zum Sommernachtsfest für 4 Personen

320 g Beeren und Früchte, zum Beispiel Erdbeeren, Himbeeren, Heidelbeeren, Brombeeren, Johannisbeeren und andere Beeren
       Äpfel, Birnen, Nektarinen, Pfirsiche, Aprikosen usw., geschält oder entsteint
       Die Beeren und Früchte könnt ihr nach Lust und Angebot wählen und mischen.

100 g Zucker
1/2   Zitrone, Saft ausgepresst
8 dl   kalte Milch

1 Gebt die sauberen Beeren und die in kleine Würfel geschnittenen Früchte in einen Mixbecher, süßt sie mit Zucker und fügt den Zitronensaft hinzu.

2 Legt den Deckel auf den Mixbecher und bringt das Gemisch langsam auf Touren. Gießt die Milch fortlaufend langsam dazu, bis alles fein püriert und schaumig ist.

3 Füllt den Shake in hohe Gläser

Ein Trinkhalm gehört natürlich dazu!

Kirschenauflauf

In Frankreich nennt man diese Spezialität "Clafoutis"
Für 4 Personen

	Butter und Mehl für die Form	100 g	Mehl
700 g	entsteinte Kirschen	1½ dl	Milch
3	Eier	1 dl	Sahne
100 g	Zucker		Puderzucker

COCOLINO SAGT, MAN KÖNNE STATT KIRSCHEN AUCH FRISCHE HEIDELBEEREN, STACHELBEEREN ODER ANDERE BEEREN NEHMEN.

EINS FÜR DICH, EINS FÜR MICH!

1. Heizt zuerst den Backofen auf 200 Grad vor.

2. Streicht eine feuerfeste Gratinform von 1,2 Liter Inhalt gut mit Butter aus und bestäubt sie dann mit Mehl.

3. Verteilt die Kirschen in der Form.

4. Dann müsst ihr Eier, Zucker, Mehl, Milch und Sahne in einer Schüssel mit dem Schneebesen zu einem glatten Teig rühren. Sollten sich Klumpen bilden, ist es am besten, alles durchzusieben.

5. Gebt die Masse über die Kirschen und backt den Auflauf etwa 30 Minuten in der Mitte des Ofens.

6. Bestäubt das "Clafoutis", solange es heiß ist, mit Puderzucker und serviert den Kirschenauflauf sofort.

JULI

Wieso die Sonne abends spät
Knallrot und glühend schlafen geht?
Sie ließ es wieder unterbleiben,
Sich Sonnencreme einzureiben.

Der spannende Weg zum Ziel

In der Nähe des Baumrestaurants hat Cocolino neben dem Garten für Gemüse, Beeren und Gewürze auch ein Labyrinth für seine Gäste angelegt. An einem Nachmittag lädt er den Bürgermeister Cäsar Knödelmeier mit Gemahlin zu Ehren seiner Wiederwahl zu einer süßen Überraschung ein.
Im Zentrum des Labyrinths sind die Köstlichkeiten aufgetischt. Wer ist wohl als Erster am Ziel? Cocolino schmunzelt: "Der knifflige Weg macht den Kuchen noch viel begehrter und süßer, als wenn ihr ihn sofort in eure Schleckmäuler schieben könntet!"

Aprikosen-Jalousien

Blätterteiggebäck für 4 Personen

250 g	Blätterteig	etwa 12	schöne große Aprikosen
1	Ei zum Bestreichen	1-2 EL	Aprikosenmarmelade
100 g	rohe Marzipanmasse	2 EL	gehobelte Mandeln

1. Schaltet den Backofen auf 190 Grad ein.

2. Rollt den Blätterteig auf einem mit Mehl bestäubten Tisch aus. Schneidet daraus 2 mal 4 Rechtecke von 11 cm mal 6 cm zu.

3. Stupft die Plätzchen in der Mitte etwa 6-mal mit einer Gabel, damit beim Backen keine Luftblasen entstehen können.

4. Schlagt ein Ei auf und bestreicht damit die ersten 4 Rechtecke mit einem Pinsel. Setzt sie dann auf ein mit Backpapier belegtes Blech.

5. Streicht den Marzipan auf die Teigrechtecke und verteilt ihn mit einem Messer oder Spatel so, dass rundherum ein Rand von 1 cm bleibt.

6. Wascht die Aprikosen, tupft sie mit Haushaltpapier trocken, halbiert und entkernt sie. Legt sie aneinander auf den Marzipanboden.

7. Bestreicht die ausgelegten Aprikosenhälften mit der Aprikosenmarmelade und bestreut sie mit Mandeln.

8. In die zweiten 4 Rechtecke macht ihr mit einem Teigrädchen quer einige Einschnitte, dass sie wie Fensterläden aussehen.

9. Legt sie genau auf die belegten Rechtecke und drückt sie an den Rändern gut an.

10. Backt die Jalousien etwa 20 Minuten knusprig aus.

Tipp: Ihr könnt auch Äpfel, Birnen, Zwetschgen und andere Früchte verwenden.

Freundschafts-Coupe

Für 2 mal 2 Personen
Die Freundschafts-Coupe isst man immer zu zweit.

1 große Honig- oder Netzmelone	Dekoration:
300 g Himbeeren und Brombeeren, gemischt	Schokoladeherzchen
250 g Vanilleeis	kleine Schirmchen oder Fackeln
1 dl geschlagene Sahne	Rosenblüten, Blümchen, Blätter

1 Reibt die reife Melone mit einem feuchten Tuch ab, halbiert sie und schneidet den Rand mit einem Messer in Zacken. Achtung auf die Finger! Putzt dann mit einem Esslöffel die Kerne heraus.

2 Stecht mit einem Pariserlöffel Kugeln aus der Melone.

3 Setzt die Melonenschalen auf die gezupften Rosenblüten, Blümchen oder Blätter in einen Teller. Gebt 2 EL geschlagene Sahne hinein. Füllt die Melonenkugeln vermischt mit den Beeren ein und setzt zuletzt 2-4 Kugeln Vanilleeis darauf.

4 Dekoriert nun die Freundschafts-Coupe nach eurem Geschmack mit Fantasie.

Rosa Grunz vom Bauernhof nebenan hat zwölf quietschlebendige Ferkel geboren.

Es ist eine Show, wenn sie alle in den Kinderwagen packt und die süßen Babys spazieren fährt. Dora hätte so gerne eines für sich zum Spielen, aber Mama Rosa gibt natürlich keines ihrer Liebsten her. Cocolino hat eine Idee, damit Dora doch zu einem Ferkel kommt. "Du wirst es zum Fressen gern haben!"

Süße Ferkel

6 Stück

500 g Weißmehl	1 gehäufter TL Salz	1 Ei zum Bestreichen
1 Päckchen Trockenhefe	3 dl Milch	
2 EL Zucker	60 g Butter	

1. Gebt Mehl, Trockenhefe, Zucker und Salz in eine Teigschüssel. Mischt alles mit einer Kelle und macht in der Mitte des Mehls eine Vertiefung.

2. Erwärmt die Milch in einem Topf handwarm. Nehmt den Topf vom Herd und rührt die Butter dazu, bis sie geschmolzen ist.

3. Gießt nun die lauwarme Milch-Butter in die Vertiefung im Mehl in der Schüssel. Mischt alles mit einer Kelle von der Mitte aus, bis der Teig zusammenhält.

4 Gebt den Teig auf den leicht bemehlten Tisch. Bearbeitet ihn mit den Handballen, bis er weich und elastisch ist und nicht mehr klebt. Sollte er zu fest kleben, gebt noch ein wenig Mehl dazu.

5 Legt den Teig in die Schüssel zurück. Deckt sie mit einem Deckel oder einem Teller zu. Der Teig muss nun an einem warmen Ort 1 Stunde ruhen und aufgehen.

6 Dann rollt ihr den Teig auf ein wenig Mehl 1 cm dick aus und löst ihn anschließend vom Tisch.

7 Stecht 6 große Kreise von 10 cm Durchmesser und 6 kleine von 4 cm aus. In den kleinen Kreisen stecht ihr je 2 Nasenlöcher aus.

8 Knetet die Teigreste zusammen und rollt sie ½ cm dick aus. Stecht 6 Kreise von 4 cm aus, halbiert sie und macht daraus die Ohren.

9 Legt ein Backpapier auf ein großes Blech. Heizt den Backofen auf 200 Grad vor. Setzt dann die Ferkel mit wenig Wasser zusammen. Macht mit Rosinen die Augen. Legt die Ferkel in gleichen Abständen aufs Backblech. Deckt sie mit einem sauberen Küchentuch zu und lasst sie 20 Minuten aufgehen.

10 Verklopft das Ei in einer Tasse und bestreicht damit die Köpfe.

11 Schiebt das Blech auf die zweitunterste Rille und backt die Ferkel etwa 20 Minuten. Lasst sie nachher auf einem Kuchengitter auskühlen.

Cocolinos Tipp:
Das Gebäck schmeckt fein zum Frühstück mit Aprikosenmarmelade und Butter.

Aus dem übrigen Teig könnt ihr kleine Brötchen machen und wie die Ferkel backen. Schneidet die Brötchen in 1 cm dicke Scheiben und röstet sie in einer Bratpfanne mit Butter hellbraun. Streut etwas Zucker darüber und bedeckt dann die Scheiben mit frischen Beeren und geschlagener Sahne. Mmmh!

AUGUST

Durch die grünen Wälder streifen,
Wenn die wilden Beeren reifen,
Köpfchen in die Büsche stecken
Und die süßen Beeren schlecken.

Rote Grütze

Für 4-6 Personen

- 200 g Johannisbeeren
- 200 g Weichseln (Sauerkirschen)
- 200 g Himbeeren
- 1 Zitrone, Saft ausgepresst
- 1 l Wasser
- 1/2 Vanillestengel
- 150 g Zucker
- 100 g Maismehl (Maizena)
- 3 dl flüssige Sahne

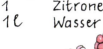

1. Trennt die Johannisbeeren von den Stielen, entstielt und entkernt die Kirschen. Legt einige schöne Früchte zum Dekorieren beiseite.

2. Gebt die Früchte und Beeren in einen Topf und gießt die Hälfte des Wassers dazu. Fügt den Zucker bei.

3. Jetzt fügt ihr den Zitronensaft und den der Länge nach halbierten Vanillestengel hinzu und kocht alles auf. Lasst es zugedeckt 15 Minuten köcheln.

4. Verrührt das Maismehl mit dem restlichen Wasser in einer Schüssel. Diese Masse müsst ihr mit dem Schwingbesen unter die kochenden Früchte rühren.

5. Entfernt den Vanillestengel. Gebt die Grütze in eine kalt ausgespülte Schüssel und lasst sie sofort abkühlen.

6. Serviert die Grütze in sehr gut gekühlten Portionengläsern und gießt eiskalte Sahne darüber.

7. Garniert die Rote Grütze mit den Beeren und den Sauerkirschen.

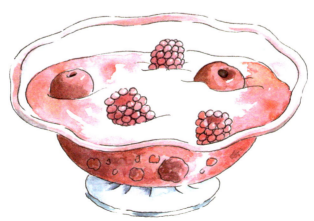

Eisbären-Drink

Pfefferminz-Schoko-Eisgetränk für heiße Sommertage
Für 4 Personen

4 EL	Trinkschokoladepulver, z.B. Suchard Express
4 dl	kalte Milch
1 Zweiglein	Pfefferminze oder 2 Beutel Pfefferminztee
150 g	Naturjoghurt
4 Kugeln	Schokoladeeis
	Pfefferminzblätter zum Garnieren
50 g	dunkle Kochschokolade zum Darüberraspeln (mit der Röstiraffel)

1 Gebt etwa 1½ dl Milch mit dem Schokoladepulver in einen kleinen Topf und verrührt beides. Fügt das Pfefferminzzweiglein oder die Teebeutel hinzu und bringt das Getränk fast zum Kochen. Nehmt es vom Herd, lasst es auskühlen und entfernt die Minze (Beutel).

2 Gebt die Schokolademilch in eine Schüssel. Schlagt die restliche Milch mit einem Schneebesen schaumig. Schlagt den Joghurt ebenfalls darunter.

3 Füllt vier hohe Gläser zu drei Viertel mit dem Getränk. Gebt auf jedes Glas eine Kugel Eis. Raspelt Schokolade darüber und garniert den Eisbären-Drink mit einem Pfefferminzblatt. Serviert und genießt das köstliche Getränk sofort.

Beereneis am Stiel

Für 10-12 Stück

- 10-12 Förmchen für Eis am Stiel, im Tiefkühler vorgekühlt (erhältlich in Haushaltgeschäften)
- 250 g Erdbeeren, Himbeeren, Heidelbeeren, Brombeeren (oder Beerenmark)
- 2½ dl Wasser
- 200 g Puderzucker
- 1 Zitrone, Saft ausgepresst

1 Ihr könnt die Beeren mischen oder nur eine Art verwenden. Wascht die Beeren, rüstet sie und schneidet sie klein. Dann püriert ihr sie im Mixer fein.

2 Wenn ihr Brom- oder Himbeeren verwendet, müsst ihr die pürierte Masse durch ein Sieb streichen, damit die Kerne nicht im Eis sind.

3 Gebt die Beerenmasse mit Wasser, Zucker und Zitronensaft in den Mixer und püriert sie 3 Minuten zugedeckt.

4 Füllt die Förmchen randvoll mit der Flüssigkeit und verschließt sie mit den Stieldeckeln. Legt sie sofort in den Tiefkühler und lasst sie etwa 6-8 Stunden gefrieren.

5 Vor dem Genuss übergießt ihr die Förmchen mit kaltem Wasser und löst sie vom Eis.

SEPTEMBER

Wenn sich tief die Zweige neigen,
Voll von Äpfeln, Birnen, Feigen,
Säfte in die Fässer blubbern,
Wenn man trunken wird vom Schnuppern,
Ist Genuss
Im Überfluss!

Erfrischender Fruchtsalat

Für 4-6 Personen

- 2 mittelgroße Äpfel
- 2 mittelgroße Birnen
- 4 Orangen
- 1 Banane

Je nach Saison:
- 1 Pfirsich oder Nektarine oder
- 10 Kirschen
- 200g Erdbeeren oder Brombeeren oder Heidelbeeren

Sirup:
- 120g Zucker
- 1dl Wasser
- 6 Pfefferminzblätter oder 1 Pfefferminzteebeutel oder 1 Lindenblütenteebeutel
- 2 ausgepresste Zitronen

1 Je nach Sorte schält ihr die Früchte und entkernt sie, schneidet sie in feine Scheiben oder Würfel. Von den Orangen entfernt ihr die Schale und die weiße Haut.

2 Kocht Zucker und Wasser auf. Lasst es mit Minze oder Lindenblüten kurz ziehen. Nehmt diese heraus, lasst den Sirup abkühlen und gebt den Zitronensaft dazu.

3 Gebt den Sirup zu den Früchten und stellt sie kühl. Kurz vor dem Servieren gebt ihr die Beeren und die in Rädchen geschnittene Banane (natürlich ohne Schale!) dazu.

Tipp:
Serviert dazu
2 dl halb geschlagene Sahne

Birnen-Igel

Für 4 Personen

4	große Birnen, z.B. Williams		**Glasur und Dekoration:**
1 ℓ	Wasser	120 g	dunkle Schokolade, in kleine Stücke geschnitten
2	Zitronen, Saft ausgepresst	3 EL	Wasser
500 g	Zucker	30 g	Butter
1	Pfefferminzsträußchen oder 1 Pfefferminzteebeutel	3 EL	Puderzucker
		50 g	geröstete Mandelstifte
		8	Gewürznelken

1. Schält die Birnen mit dem Sparschäler, halbiert sie der Länge nach, schneidet den Stiel weg und entfernt mit dem Messer das Kerngehäuse.

2. Gebt das Wasser mit Zitronensaft und Zucker in eine flache Pfanne und kocht es auf. Gebt jetzt die Pfefferminze dazu, kocht es nochmals auf und lasst den Sirup etwa 2 Minuten ziehen. Nehmt die Minze heraus.

3. Legt die Birnenhälften hinein, kocht sie kurz auf und lasst sie im Sirup erkalten.

Glasieren und dekorieren:

1. Schmelzt die Schokolade mit dem Wasser in einer Schüssel im heißen Wasserbad. Gebt die Butter und den Puderzucker dazu und rührt alles glatt.

2. Nehmt die Birnenhälften aus dem Sirup und tupft sie mit Haushaltpapier trocken. Legt sie mit der flachen Innenseite auf ein Gitter.

3. Gießt nun die Schokolade vorsichtig über die Birnen, so dass 1½ cm vom Stielansatz her frei bleiben.

4. Steckt Mandelstifte in den Schokoladeteil und setzt mit den Nelken zwei Augen auf. Lasst die Igel auskühlen.

5. Jetzt richtet ihr je 2 Igel auf Tellern an. Wenn ihr wollt, könnt ihr noch 2 dl Sahne schlagen und dazugeben.

Den Sirup der Birnen könnt ihr für einen Fruchtsalat verwenden oder…

…mit Schokoladegetränkepulver vermischt in den Mixer geben und als Getränk genießen.

Traubenkompott mit Sahne

Für 4-6 Personen

500 g	entstielte Trauben mit dünner Haut
2½ dl	Wasser
200 g	Zucker
½	Zitrone, Saft ausgepresst
½	Vanillestengel, der Länge nach aufgeschnitten
2 dl	geschlagene Sahne
2 EL	Schokoladestreusel

1 Kocht Wasser, Zucker, Zitronensaft und Vanillestengel in einem passenden Topf auf, gebt die Trauben dazu, lasst alles einmal aufwallen und danach zugedeckt auskühlen.

2 Nehmt den Vanillestengel heraus und füllt das Kompott in passende Gläser. Dann kommt das Häubchen aus geschlagener Sahne darauf. Zum Schluss gebt ihr die Schokoladestreusel darüber.

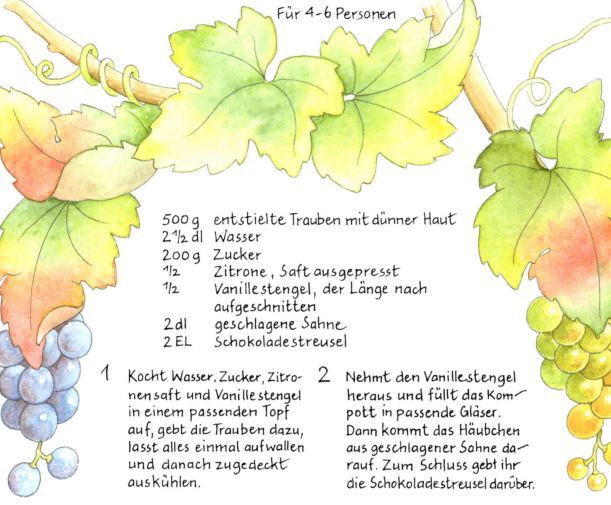

Fruchtkuchen

Mit Äpfeln, Zwetschgen, Aprikosen, Kirschen und anderen Früchten
für ein Kuchenblech von 26 cm Durchmesser

Kuchenteig:

150 g	Mehl	75 g Butter
1/2 TL	Salz	3–4 EL kaltes Wasser

1 Gebt Mehl und Salz in eine Schüssel oder auf den Tisch.

2 Schneidet die Butter in Flocken. Verreibt sie sorgfältig mit dem Mehl, bis die Masse gleichmäßig fein ist.

3 Macht in das Butter-Mehl Gemisch eine Vertiefung und gießt das Wasser hinein. Fügt den Teig achtsam und rasch zusammen.

4 Lasst den Teig im Kühlschrank etwa 30 Minuten ruhen.

5 Rollt den Teig auf dem sauberen Tisch auf wenig Mehl etwa 3mm dick aus.

6 Belegt das mit wenig Butter ausgefettete Kuchenblech mit dem Teig, so dass er etwa 2mm über den Blechrand schaut. Stecht den Teigboden mit einer Gabel mehrmals ein.

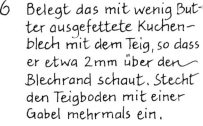

Kuchen:

1	Kuchenblech, mit Teig belegt
1 EL	gemahlene Haselnüsse
etwa 750 g	entsteinte oder halbierte Früchte

Guss:

1 dl	Milch
1 dl	Sahne
1-2 EL	Zucker

1 Stellt den Backofen auf 250 Grad.

2 Bestreut den Teigboden mit Nüssen.

3 Legt die Früchte exakt von außen nach innen auf den Teigboden.

4 Backt den Kuchen in der unteren Ofenhälfte während 15 Minuten.

5 Verrührt alle Zutaten für den Guss in einer Schüssel und gießt diesen über die Früchte.

6 Lasst den Kuchen etwa 15 Minuten weiterbacken.

Vorbereiten der Früchte:

Äpfel: schälen, in gleichmäßige Schnitze schneiden oder grob raffeln (auch mit Birnen machbar).

Aprikosen und Zwetschgen: waschen, halbieren, entsteinen und längs einschneiden.

Kirschen: überbrausen und entsteinen.

Rhabarber: waschen, schälen und in gleichmäßige Würfel schneiden.

MACH SCHNELL, ICH STERBE FAST VOR APPETIT!

OKTOBER

Täglich ziehen Vogelschwärme
Gegen Süden an die Wärme.
Den Marronimann - zum Glück -
Zieht's von dort zu uns zurück.

Karamellisierte Nüsse

200g	Baumnüsse (halbe Kerne)
200g	Zucker
2 EL	Wasser
	wenig Öl für das Blech

1 In einer Pfanne Zucker und Wasser zum Schmelzen bringen.

2 Die Nüsse hineingeben und unter Rühren den Zucker leicht karamellisieren. Die Pfanne vom Feuer nehmen, sobald sich der Zucker fest um die Nüsse gelegt hat.

3 Die Nüsse auf ein eingeölte Blech legen, damit sie nich ankleben. Die Nüsse mit zwei Gabeln voneinander lösen und an einem trockenen Ort auskühlen lassen

UI, UI, UI... DIE NÜSSE SIND HÖLLISCH HEISS!!

DER ZUCKER AN DEN NÜSSEN KÖNNTE EURE PFÖTCHEN VERBRENNEN! WARTET, BIS DIE NÜSSE KÜHL SIND.

4 In gut verschlossenen Dose trocken aufbewahren.

Halloween-Vermicelles

Für 4 Personen

8 Stück Meringues
Dekorspritzglasur (aus Schokolade)
Farbige Zuckerperlen
300 g Kastanienpüree
2 dl geschlagene Sahne

1 Zeichnet mit Schokoladespritzglasur Gespenstergesichter auf den Boden der Meringueschalen und dekoriert sie mit Zuckerperlen.

2 Gebt auf jeden Teller 2 Esslöffel geschlagene Sahne. Stellt jetzt je 2 Meringueschalen in die Sahne.

3 Setzt mit einer Vermicellepumpe die Haarpracht auf die Meringueschalen.

WEISST DU, WAS MIR NOCH FEHLT?

JA, AUCH MIR FEHLT SIE SEHR... MEINE LIEBE, GROSSE KUGEL VANILLE-EIS!

Herbst-Knusperli

100 g	weiche Butter	1 EL	Milch
100 g	Zucker	75 g	gemahlene Haselnüsse
½	Zitrone	200 g	Weißmehl
1	Ei		

Zum Verzieren und Garnieren:
Silberkügelchen
Farbige Streusel
Zuckerblümchen, Herzchen usw.
1 Päckchen Kuchenglasur

1 Rührt Butter und Zucker in einer Schüssel schaumig.

2 Wascht und trocknet die Zitrone. Reibt die gelbe Schale der halben Zitrone in die Masse. Gebt Ei und Milch dazu und rührt gut weiter.

3 Rührt die gemahlenen Haselnüsse darunter. Gebt zuletzt das Mehl dazu. Knetet alles kurz zu einem Teig. Wickelt ihn in Klarsichtfolie und legt ihn etwa 1 Stunde in den Kühlschrank. Er muss fest werden, damit ihr ihn ausrollen könnt.

4 Rollt den Teig auf einem mit Mehl bestäubten Tisch etwa ½ cm dick aus. Fahrt mit einem Spatel unter dem Teig durch, damit er nicht festklebt.

5 Nehmt zum Ausstechen verschiedene Förmchen wie Pilze, Blätter, Schmetterlinge, Sonne, Mond usw. Legt die Teigformen auf ein mit Backpapier belegtes Blech.

6 Heizt den Backofen 15 Minuten auf 200 Grad vor. Backt die Knusperli in der Mitte des Ofens 10 Minuten hellbraun aus. Lasst sie auf dem Kuchengitter auskühlen.

Verzieren und Garnieren

Lasst die Kuchenglasur, wie es auf dem Päckchen steht, flüssig werden. Bestreicht die Knusperli damit mit einem Pinsel. Belegt sie mit den Garnituren, solange die Glasur noch weich ist. Drückt dann die Verzierung leicht an.

Äpfelmus mit Sahne

Für 4-6 Personen

1 kg	Äpfel, am besten Boskop
1 dl	Apfelsaft
1	Zitrone, ausgepresst
	Ganze Schale einer Zitrone, nicht gerieben
½	Zimtstengel
130 g	Zucker
3 dl	Sahne

Aus dem Rezeptbuch von Cocolinos Großmutter

1. Schält die Äpfel, viertelt und entkernt sie.

2. In einer Pfanne kocht ihr während 3-4 Minuten Apfelsaft, Zitronensaft, Zitronenschale und Zimtstengel mit den Apfelvierteln. Dann gebt ihr den Zucker dazu und kocht alles unter Rühren im eigenen Saft weich. Dann fischt ihr den Zimtstengel und die Zitronenschale heraus.

3. Dreht die Äpfel durch ein Passiergerät (Passevite) und lasst sie erkalten.

4. Füllt das Apfelmus in Gläser und garniert es mit geschlagener Sahne.

Tipp:
Wenn ihr wollt, könnt ihr noch geröstete Mandeln oder Haselnüsse darüber streuen.

NOVEMBER

Wenn Bäume sich im Westwind biegen
Und Blätter durch den Regen fliegen,
Dann schnarcht der Kater in der Küche
Und träumt vom Zauber der Gerüche.

Reispudding

Für 4 Personen

50 g	Risotto-Reis	1/2	Zitrone, Schale fein abgerieben
1/2 l	Milch	80 g	Zucker
1/2	Vanilleschote, der Länge nach halbiert	2	Eier
		10 g	Butter
1 Prise	Salz	50 g	Puderzucker

Vorbereitung

1. Lasst den Reis in 5 dl kochendem Wasser 5 Minuten sieden. Schüttet ihn sofort in ein Sieb und spült ihn mit kaltem Wasser ab.
2. Streicht eine Gratinform mit Butter aus.
3. Stellt den Backofen auf 200 Grad.

Zubereitung

1. Bringt die Milch mit der Vanilleschote und Salz auf den Siedepunkt. Fügt den Reis bei und lasst alles 30 Minuten köcheln. Nehmt den Reis dann von der Herdplatte.
2. Nehmt die Vanilleschote heraus und gebt die Zitronenschale und die mit dem Zucker verrührten Eier dazu.
3. Füllt die Reismasse in die Gratinform.
4. Überbackt den Pudding im Ofen, bis er goldgelb ist. Bestäubt ihn vor dem Servieren mit Puderzucker.

Dazu könnt ihr Kompottfrüchte servieren oder Apfel- oder Birnenmus... oder eine Fruchtsauce aus tiefgefrorenen Beeren.

Orangenmousse

Mit Orangensalat für 4 Personen

- 70 g   Zucker
- 2 1/2 dl   Orangensaft, frisch gepresst
- 1 1/2   Orangen, Schalen abgeschält
- 4 Blatt   Gelatine
- 2   Eiweiß
- 1 Prise   Salz
- 2 dl   geschlagene Sahne

- 4   Orangen
- 1 EL   gehackte Pistazien

Vorbereitung:

1. Weicht die Gelatine in kaltem Wasser ein.
2. Schlagt die Sahne.
3. Schält die Orangen, schneidet sie in feine Scheiben und entfernt die Kerne.

ZUM GARNIEREN KÖNNT IHR AUCH STATT EINER ORANGE ZWEI MANDARINEN VERWENDEN.

Zubereitung:

1. Kocht den Zucker mit ½ dl Orangensaft und der Orangenschale auf. Nehmt den Saft vom Feuer und lasst ihn <u>fast</u> erkalten, bis er handwarm ist.

2. Presst die eingeweichte Gelatine aus und gebt sie mit dem restlichen Orangensaft zur Zucker-Orangensaft-Masse. Passiert alles durch ein Sieb.

3. Schlagt das Eiweiß mit dem Salz zu Schnee.

4. Zieht den Eischnee und die geschlagene Sahne sorgfältig unter die <u>kalte</u> Orangensaft-Masse.

5. Füllt die Orangenmousse in eine Schüssel und stellt sie etwa 2-3 Stunden kalt.

Vor dem Servieren:
Mit zwei in heißes Wasser getunkten Esslöffeln stecht ihr aus der Mousse Klößchen ab und legt sie behutsam auf die Teller. Garniert sie mit je einer in Scheiben geschnittenen Orange und mit gehackten Pistazien.

DEZEMBER

Lieber Nikolaus, ich war
Nicht so brav in diesem Jahr;
Aber bin ein gutes Kind –
Gib mir eine Nuss geschwind!

Sankt-Nikolaus-Lebkuchen

Für eine Springform von 28 cm Durchmesser

50 g	Butter	450 g	Vollmehl
3-4 EL	Honig oder Birnendicksaft	1 1/2 TL	Natron
225 g	Zucker	20 g	Butter für die Form und
2 dl	saure Sahne		Mehl zum Bestäuben der Form
3 dl	kalte Milch		Honig oder Birnendicksaft zum Bestreichen
2 gehäufte TL	Lebkuchengewürz	3 dl	geschlagene Sahne

1 Heizt den Backofen auf 210 Grad vor.

2 Zuerst müsst ihr die Butter, Honig oder Birnendicksaft, Zucker und die saure Sahne schaumig rühren.

3 Vermengt die Milch mit dem Lebkuchengewürz und gebt sie unter die Masse.

4 Vermischt das Natron mit dem Mehl, siebt es und hebt es luftig unter die Masse.

5 Gebt diese in die gebutterte und bemehlte Backform.

6 Backt den Lebkuchen im vorgeheizten Backofen bei 210 Grad auf der untersten Rille 50-60 Minuten.

7 Bestreicht ihn noch warm mit einem Pinsel mit flüssigem leicht erwärmten Honig oder Birnendicksaft.

8 Lasst den Lebkuchen auskühlen und serviert ihn mit geschlagener Sahne.

Weihnachtsbaumstamm 🎂🎂🎂

Diese Delikatesse heißt in Frankreich "Bûche de Noël" und ist dort an Weihnachten ein sehr beliebtes Dessert.

Teig:

- 75 g Zucker
- 4 Eigelb
- 75 g Mehl
- 1 Prise Salz
- 3 Eiweiß
- 25 g Butter
- etwas Butter zum Bestreichen des Kuchenblechs

Füllung:

- 150 g Butter
- 100 g Puderzucker
- 2 EL Schokoladepulver

Dekoration:

Tannenzweig, Dekor-Pilzchen
Puderzucker zum Bestreuen

1. Stellt den Backofen auf 200 Grad. Bestreicht ein rechteckiges Kuchenblech mit Butter.

2. Schlagt den Zucker und das Eigelb zu einer hellen Creme. Mischt Mehl und Salz und gebt es in eine separate Schüssel. Schlagt das Eiweiß zu Schnee.

3. Zieht das gesiebte Mehl und den Eischnee locker unter die Eicreme. Erwärmt die Butter leicht bis sie flüssig ist, aber nicht heiß. Mischt sie sorgfältig unter den Teig.

4. Verteilt den Teig rechteckig auf dem Kuchenblech. Streicht ihn mit einem Spachtel glatt, damit er überall gleich dick ist.

5. Backt den Teig 8-10 Minuten im vorgeheizten Backofen goldgelb.

6. Stürzt ihn dann sofort auf eine Aluminiumfolie. Legt das umgedrehte Blech darauf, bis der Teig abgekühlt ist. Auf diese Art bleibt er feucht

Füllung:

1 Rührt die Butter und den gesiebten Puderzucker schaumig. Dann rührt ihr das Schokoladepulver darunter.

2 Streicht nun die Hälfte der Buttercreme gleichmäßig auf den Biskuitteig.

3 Formt alles zu einer Rolle und schneidet die Enden schräg ab.

4 Füllt die restliche Buttercreme in einen Dressiersack mit gezackter Tülle. Überzieht die Rolle eng mit Längstreifen.

5 Formt zum Schluss mit den Biskuitabschnitten 2 Äste. Zieht mit der Buttercreme Längsstreifen auf die Äste.

6 Schmückt eine Platte mit einem Tannenzweiglein und kleinen Dekorations-Fliegenpilzen. Gebt Puderzucker in ein Sieb und streut ihn als Schnee darüber.

Schokoladetrüffel mit Orange

200 g	dunkle Schokolade	1	Orange, Schale fein abgerieben
3 EL	Sahne	150 g	Puderzucker
200 g	weiche Tafelbutter	100 g	Schokoladepulver

1 Schneidet die Schokolade in kleine Stücke und bringt sie in einer Schüssel im heißen Wasserbad mit der Sahne zum Schmelzen. Lasst sie etwas auskühlen – die Schokolade sollte noch leicht flüssig sein (handwarm).

2 Rührt die Tafelbutter mit der Orangenschale, bis sich Spitzchen bilden.

3 Siebt den Puderzucker und gebt ihn zur Butter, verrührt beides und gebt dann die Schokolade dazu. Stellt die Masse kühl, bis sie formbar ist. Formt mit einem Pariserlöffel nussgroße Kugeln und dreht sie von Hand schön rund.

4 Wendet die Kugeln kurz im Schokoladepulver und lasst sie an einem kalten Ort auskühlen

5 Füllt sie dann in hübsche Schachteln, die ihr mit einer bunten Schleife dekorieren könnt.

Pariserlöffel

SO, PICKI-NICKI, JETZT IST SCHLUSS! DU HAST SCHON ALLES WEGGESCHLECKT!

Silvesterpunsch

Für 4 Personen

- 5 dl   Apfelsaft (Süßmost)
- 5 dl   Blutorangensaft (von etwa 8-10 Orangen)
- 1 EL   Zitronensaft
- 2 EL   Honig
- 4 Beutel   Glühweintee

1 Gießt den Apfelsaft und den frischen Orangensaft in einen Topf und bringt die Flüssigkeit kurz vors Kochen.

2 Nehmt jetzt den Topf von der heißen Platte und gebt den Zitronensaft und den Honig dazu und dann – nach kurzem Umrühren – die Glühweinteebeutel. Lasst den Punsch 3 Minuten ziehen.

3 Entfernt die Beutel und serviert den Silvesterpunsch heiß.

Noch mehr Süßspeisen

findet ihr in den bereits erschienenen Cocolino-Büchern

Band 1 · Das Ferientagebuch

Ferien-Müesli
Apfelsaft und Eistee
Früchte- oder Beerenbowle mit Blüteneis
Bratapfel im Silbermantel
Milch-Drinks
Beeren-Auflauf
Schokoladekuchen
Schokolade-Knusperini
Knödelmeiers Favoriti
Der süße Eisberg
Beeren-Eis
Karamel-Bonbons
Aprikosenkonfitüre mit Melisse

Band 2 · Das Abenteuerbuch

Himbeersirup
Honigsirup mit Kleeblüten
Brot-Apfel-Kuchen
Schokolade-Pfannkuchen
Hexen-Elixier
Süße Mitternachtssonne (Pfirsich-Himbeer-Eis)
Kalter Katzenkaffee mit Sahnemütze
Milchreis mit Beeren
Schleck-Birnen
Kürbis-Schokolade-Gugelhopf
Bunte Mailänderli
Sankt-Nikolaus-Finger
Advents-Punsch

Band 3 · Das Weltreisebuch

Mousse au chocolat
Zabaione mit Orangensaft
Sangria mit Traubensaft
Marokkanischer Orangensalat
Kalter Pfefferminztee
Blintschiki s jáblokom (Gebackene Apfelkrapfen)
Shijin guopin (Gefüllte Wassermelone)
Beeren-Muffins
Großmutters Brownies
Pekannuss-Kuchen

Die Autoren

Oskar Marti

"Der Poet am Herd", wie man Oskar Marti auch nennt, gehört mit seiner Kochkunst und seiner Philosophie zu den herausragenden Spitzenköchen. Bei ihm in der "Moospinte" in Münchenbuchsee bei Bern werden Essen und Trinken zu einem einmaligen Erlebnis.

Oskar Marti ist der geistige Vater von Cocolino und der Erfinder der vielen leckeren Rezepte. Er möchte mit seiner Cocolino-Idee die Herzen von Kindern und Erwachsenen erobern, damit auch sie den Bezug zur Natur und Nahrung finden, Spaß am Kochen und Essen haben und so das Genießen lernen. Mach mit!

Oskar Weiss

Mit Fantasie, Humor, Poesie und seinem unverwechselbaren Stil begeistert der "Bilder-Erfinder" Oskar Weiss aus Muri bei Bern sein Publikum jeden Alters. Ein gesellschaftskritischer Blick, der Drang nach Harmonie, Schwung und viel Sinn fürs Detail prägen seine Arbeiten.

Auf Anregung von "Oski" Marti hat "Oski" Weiss den Kater Cocolino mit seinem bunten Baumrestaurant, dessen Kumpel Picki-Nicki, Pomo, Dora und all die anderen Figuren und ihre Geschichten erfunden. Er hat das ganze Buch gestaltet und Buchstabe um Buchstabe von Hand geschrieben. Machs nach!

Die Gastronomische Akademie Deutschlands hat Cocolino mehrmals ausgezeichnet. "Das Ferientagebuch" erhielt die Goldmedaille und einen Sonderpreis "für das beste Kinderkochbuch, das die Preisrichter je bewertet haben".

"Das Weltreisebuch" gehörte zu den besten Schweizer Kochbüchern des Jahres 2000 und wurde mit der Gold Lorbeeren-Medaille geehrt.

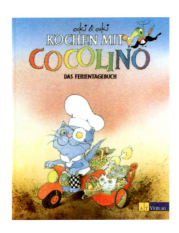